de la A a la Z por

Puebla

Becky Rubinstein F.
Ilustrado por Maribel Suárez

de la A a la Z por

Puebla

Becky Rubinstein F.
Ilustrado por Maribel Suárez

A DE ATLIXCO

Atlixco es un municipio del estado de Puebla, famoso por su clima, sus viveros y flores, por su cerro de San Miguel y la cercanía con los volcanes: el Popocatépetl -o Popo-, conocido como Don Goyo, y el Iztaccíhuatl -o Ixtla- conocido por "Mujer Blanca" o "Mujer Dormida".

Atl es agua,
Ixtla es valle,
trigo, maíz,
y manantiales.

Atl es agua,
Ixtla es valle,
bellas flores
que hay a raudales.

B DE BATALLA
(BATALLA DEL 5 DE MAYO)

(Napoleón III, emperador de Francia, envió tropas a México para invadirlo. Y llegaron hasta Puebla donde -el 5 de mayo de 1862- el general Ignacio Zaragoza, por parte de los mexicanos, ganó la lucha conocida como la Batalla de Puebla.)

En tiempos de Napoleón,
Juárez era presidente,
Zaragoza un general
y a Puebla llegaron franceses.

Zaragoza los corrió
con batallón excelente
–zacapoaxtlas– para mal
de la bola de franceses.

Zaragoza los venció
en dos famosos fuertes,
batallando hasta el final
mexicanos y franceses.

C DE CAMOTES

Al camote, un tubérculo como la papa y la jícama, se le conoce en otros lugares también por boniato, buniato, moniato, patata de Málaga, batata y patata dulce. En Puebla los camotes son dulces de diferentes sabores y colores.

Camotes muy ricos
les ofrezco hoy:
de piña, membrillo,
de fresa y limón.

Camotes muy ricos
llenos de sabor,
ricos, pero ricos,
en Puebla, señor.

Camotitos ricos
compren, por favor,
cárguenlos, guárdenlos
en un canastón.

CH DE CHINA
(CHINA POBLANA)

La china poblana viste un traje verde, blanco y rojo como la bandera de México y tiene en la falda, bordada de lentejuelas, el escudo nacional: un águila devorando a una serpiente.

Dicen que a la china poblana le encantan los chiles en nogada, que también tienen los colores de la bandera: verde, el chile; blanco, la crema de la nuez; rojo, los granos de la granada.

Chiles en nogada y chalupitas
come la china poblana,
la china poblana come
chalupitas, chiles en nogada
con granitos de granada.

D DE DANZANTES
(DANZANTES DE CUETZALAN)

Son una maravilla, quienes los ven bailar, nunca, nunca los olvidarán.

Danzan y danzan
con sus penachos,
verde quetzal
son sus tocados.

Muestran sus capas
maraca en mano,
bailan y bailan
siguiendo el paso.

Vuelan mascadas,
espejos, rayos,
el mundo danza
en el estrado.

Flauta que canta,
tamboril santo.
¡Ven a Cuetzalan!,
un día soleado.

E DE ESPUELA
(ESPUELAS DE AMOZOC)

Los charros de verdad lucen espuelas de Amozoc, brillantes como estrellas.

En Amozoc
En Amozoc se forjan
En Amozoc se forjan espuelas
En Amozoc se forjan espuelas charras
En Amozoc se forjan espuelas charras y herrajes
En Amozoc se forjan espuelas charras y herrajes que hacen juego
En Amozoc se forjan espuelas charras y herrajes que hacen juego con la montura,
En Amozoc se forjan espuelas charras y herrajes que hacen juego con la montura,
  el freno del caballo
En Amozoc se forjan espuelas charras y herrajes que hacen juego con la montura,
  el freno del caballo y la hebilla del cinturón del charro.

F DE FUERTES
(FUERTES DE LORETO Y GUADALUPE)

El 5 de mayo de 1862, los mexicanos defendieron valientemente los fuertes de Loreto y Guadalupe, en la ciudad de Puebla, derrotando al ejército francés.

En Loreto y Guadalupe
–eso nos cuenta la historia–
mexicanos y franceses
emprendieron la batalla.
¡Ay, ay, ay, la batalla!

Aquellos fuertes poblanos
nos recuerdan la victoria
de un general de verdad
que merece mil medallas.
¡Ay, ay, ay, mil medallas!

G DE GRAN
(GRAN TELESCOPIO MILIMÉTRICO)

Es una antena parabólica gigantesca, como de otro mundo, para captar señales de cielo. Junto al Pico de Orizaba, como buen detective espacial, sigue la pista del nacimiento de nuestro Universo y también del curso de planetas y estrellas.

Junto al Pico de Orizaba
hay una antena,
hay una antena
junto al Pico de Orizaba.

H DE HUEY ATLIXCÁYOTL

Es la fiesta principal de Atlixco con danzantes que bailan al son de flautas de caña y del *teponaztle* o tamborcillo.

Los danzantes -náhuas, mixtecos, popolocas, totonacas, otomíes y mazatecos- visten trajes preciosos, se esconden tras máscaras y se embellecen con lindos collares hechos con flores. También bailan danzas de Viejitos, Santiagueros, Quetzales y de Voladores… *La boda indígena* y *La fiesta huasteca* son de gran tradición.

El baile del convite inicia la reunión.

Es fiesta regional,
es fiesta sin igual,
es fiesta principal:
¡fiesta anual!

I DE IZTACCÍHUATL

Es un volcán que parece una mujer dormida y se llama Iztaccíhuatl; según la leyenda, el volcán Popocatépetl cuida su sueño. La palabra Iztaccíhuatl se construye con diferentes letras.

¿Cuáles de las siguientes palabras tiene que ver con volcán?

I de ilusión
Z de zapato
T de tierra
A de arder
C de cielo
C de color
Í de ímpetu
H de hola
U de uva
A de azúcar
T de trompo
L de lava

Solución: tierra, arder y lava.

J DE JAMONCILLOS
(JAMONCILLOS DE LECHE Y PEPITA)

Puebla es famosa por sus dulces confitados y sus dulces de leche, como el jamoncillo que también se hace con azúcar, mucha azúcar…

Vendo jamoncillos
de azúcar y leche,
pa' niñas y niños
que hacen la meme.

Vendo jamoncillos
diga quién los quiere,
por una moneda
le doy hasta siete.

17

K DE KARMIDAS
(GRUTAS KARMIDAS)

Karmidas son unas grutas del estado de Puebla, y en esas cuevas hay estalactitas y estalagmitas que forman estalagnatos. Más fácil: en Karmidas, la humedad, los minerales y el tiempo han formado figuras ¡increíbles!

Estalactitas, estalagmitas y
estalagnatos
riman de pronto con termitas
y también con gatos.

Estalactitas: se forman
de pronto hacia abajo,
estalagmitas, lo aseguramos,
todo lo contrario.

Y juntos, juntitos forman
estalagnatos;
figuras caprichosas: potros y
también zapatos.

L DE LAVADEROS
(LAVADEROS DE ALMOLOYA)

Almoloya en náhuatl significa "agua que brota" o manantial. Y brotó tanta y tanta agua que, en el siglo XVIII, ahí se lavaba la ropa que se tendía a secar en el asoleadero. Como aquellos lavaderos terminaron por caer, se construyeron otros que aún existen.

Ahí se lavaba,
ahí se tallaba
y de tanto lavar,
de tanto tallar
pif, paf, pif, paf, paf,
se fueron cayendo
sí, sí, sí, sí,
cayendo, cayendo.
Ahora hay nuevos,
bueno, ni tan nuevos:
son de Almoloya
los lavaderos.

M DE MOLE
(MOLE POBLANO)

El mole es de Puebla, como los camotes y los chiles en nogada. Para hacerlo se muelen chiles, se agrega jitomate, clavo, canela, almendras, pan duro, tortilla seca, pasitas, chocolate y… muchas cosas más. Se mezcla todo… y si pica… ¡ya ni modo!

Pico, pico,
rete pico,
pico, pico,
y sin pico,
¿di qué soy?

Solución: el mole.

N DE NIÑO
(NIÑO DIOS DE TEPEACA)

Tepeaca es un valle donde Hernán Cortés fundó la segunda ciudad española y el primer ayuntamiento; su nombre viene del náhuatl *yacatl* y quiere decir "nariz", como la tuya. En este lugar se encuentra el Niño Dios de Tepeaca que se venera el 30 de abril y es muy milagroso.

El Niño de Tepeaca
es un niño doctor,
cura a los enfermos
que tienen devoción.

El Niño de Tepeaca
es niño milagrero,
vestidito de fiesta
parece muy contento.

Ñ DE Ñ PARA NIÑOS Y NIÑAS

Para los niños y las niñas de Puebla crear juegos nuevos es muy fácil. Jugar a descifrar mensajes resulta muy divertido. Descubre el mensaje oculto sustituyendo la "Ñ" con la letra correcta.

Lañ cajañ dñ óniñ sñ
abreñ ñ cierrañ
ñ guardañ secretoñ dñ
lañ abuelañ.

Solución:
Las cajas de ónix se abren y cierran y guardan secretos de las abuelas.

O DE ÓNIX
(ÓNIX DE TECALI)

Tecali viene del náhuatl, de *tetl,* piedra y *calli,* casa. Con ónix se construye desde una iglesia hasta una cajita para guardar anillos, camotes, dulces de leche o lo que tú quieras.

El ónix de Tecali
es tesoro poblano:
con tezontle rojizo
en vitrales, retablos.
Sí, sí, retablos.

El ónix de Tecali
es mármol mexicano
en altares, ventanas,
esculturas, retratos.
Sí, sí, sí, retratos.

P DE PARQUE
(PARQUE LORO)

El Parque Loro de Puebla tiene muchos, muchos animales; es como un arca de Noé que espera tu visita. Con tu familia o amigos la diversión estará asegurada.

En el Parque Loro
puedes encontrar
canguros y loros,
tigres, guacamayas,
víboras y potros,
leones y changas,
¿quieres verlo todo?
¡Verás que te encanta!

Q DE QUESOS
(QUESOS DE CHIPILO)

Chipilo es un pueblo fundado por italianos que llegaron a México en el siglo XIX. Sus quesos son deliciosos y se utilizan para hacer quesadillas.

Queso en cachitos,
Queso en cachitos, tortillitas
Queso en cachitos, tortillitas de harina o maíz,
Queso en cachitos, tortillitas de harina o maíz, crema
Queso en cachitos, tortillitas de harina o maíz, crema y salsa
Queso en cachitos, tortillitas de harina o maíz, crema y salsa roja.

R DE RUINAS
(RUINAS DE CANTONA)

Restos de una ciudad prehispánica con calzadas, callejones, pasillos, escalinatas y rampas, pirámides y un temascal… ¡Y más de 22 juegos de pelota!

C antona,
A nterior a la llegada de los españoles,
N inguna como ella.
T iene templos en la parte alta
O ruinas o restos; en otros tiempos, ciudad fortaleza.
N inguna como ella,
A visitarla: ¡está en Puebla!

S de SANTIAGUEROS

Son danzantes que, con sus bailes, recuerdan las batallas entre moros y cristianos de España. Santiago era el apóstol que peleaba al lado de los cristianos.

Con máscara de moro
y gorro de fantasía
llegó el Santiaguero
a "batallar" un día.

Caballo de madera
el mundo recorría.
¡Baila como ninguno!
¡Es una maravilla!

Los cascabeles suenan.
¡Qué batalla la mía!
Hoy moros y cristianos
danzan en plena vía.

T DE TAMPOL Y TAPIL

En las fiestas de Cuetzalan un solo hombre toca dos instrumentos a la vez: con una mano un instrumento de viento llamado tapil, que chifla, y con la otra un instrumento de percusión conocido como tampol... de esos que suenan: *¡Bom, bom, bom!*

Pequeña flauta
hecha de caña
para las danzas
que a ti te encantan,
¿qué soy?

Compañero de la flauta
mientras se baila y se baila,
vengo a tocar con maña
en las fiestas de Cuetzalan,
¿qué soy?

Soluciones: el tapil, el tampol.

U DE UNIVERSIDAD

(UNIVERSIDAD DE LAS AMÉRICAS)

Esta universidad es como una ciudad, con dormitorios, bibliotecas, jardines y muchos servicios más. En ella puedes pasear y pensar en lo que quieres ser cuando crezcas.

Universidad para el universitario universal, para el universitario universal universidad.

V DE VELAS

En Cuetzalan las velas son regaladas por el mayordomo, quien hace la fiesta el día del Santo Patrono. Son de cera y parafina; miden de 60 centímetros a 1 metro, o más, y se adornan con las flores del lugar.

Ve las velas
en las veladoras,
en las veladoras
las velas ve.

W DE WOW

Si aciertas grita *wow* con la "W".
Pon una "V" a la frase verdadera y una "F" a la falsa.

Los camotes y las yemitas son dulces, muy dulces de Puebla ( )
En Cuetzalan bailan los Santiagueros ( )
El ónix es una piedra muy bonita que se encuentra en Puebla ( )
Chipilo fue fundada por italianos ( )
Zaragoza es un héroe de Puebla ( )
Loreto y Guadalupe son dos fuertes ( )

Solución: todas V.

X DE XALACAPAN

En Xalacapan, barrio de Zacapoaxtla, se usan lindas fajas en la cintura. Son adornos tejidos con lana de las ovejas del lugar. Se lucen en las fiestas, como nos lucimos con este cantarcillo:

Allá en Xalacapan,
barrio de Zacapoaxtla,
con calientita lana
se hacen lindas fajas.

Brillan sus lentejuelas,
sus encajes encantan.
¡Vengan todos por fajas
al mero Xalacapan!

Y DE YEMITAS
(YEMITAS DE SANTA CLARA)

En Puebla son famosas las yemitas de nuez, almendra, piñón y rompope. Comes una y quieres más…

Soy de yema
bien batida,
con azúcar
por encima,
¿qué soy?

Solución: la yemita.

34

Z DE ZACATIPÁN

En Zacatipán, Puebla, los viejitos se tapan con cotones: una especie de jorongo o poncho.

Allá en Zacatipán
usan bello cotón
corto, más que zarape,
y parecido al poncho.

Y los de más edad
usan titilcotón,
–para poder taparse–
del frío que es un horror.